ARCTISCH DAGBOEK

Jelle Brandt Corstius

Arctisch dagboek

2014 Prometheus Amsterdam

Dit essay verscheen eerder als Boekenweek-essay 2014.

Omslagontwerp Bloemendaal & Dekkers
Foto omslag Shaun Egan/Getty Images
Foto auteur Bob Bronshoff
Typografie binnenwerk Perfect Service
Drukker Wilco, Amersfoort
www.uitgeverijprometheus.nl
ISBN 978 90 446 2718 3

Lief dagboek,

Het is een beetje raar dat ik je 'lief' noem, want ik heb nog nooit in je geschreven, maar zo hoort het nu eenmaal. Ik heb het nooit nodig gevonden om een dagboek bij te houden, maar dit zijn geen normale omstandigheden. Ik wil tegen iemand praten, misschien maakt dat me wel rustiger. Het is mijn laatste dag op het cruiseschip MS Discovery, en vandaag ben ik mijn raamloze hut nog niet uit geweest. Natuurlijk zou ik wel willen ontbijten, en natuurlijk zou ik wel wat daglicht willen zien. Alles wat er te lezen valt in deze hut, tot het etiket van het flesje shampoo aan toe, heb ik gelezen. Over alles waarover te piekeren valt is van alle kanten gepiekerd. En toch ga ik niet naar buiten. Ik blijf binnen tot we de haven van Archangelsk binnenvaren en ik van boord kan.

Dat ik ooit nog eens zou verlangen naar Archangelsk! Ooit strandde ik daar al eens, na een noodlanding tijdens een sneeuwstorm. Twaalf uur lang bracht ik door in de groezelige bar van het vliegveld. In de bar was het dertig graden, buiten min dertig, dus toch maar binnen gebleven. Iedereen stonk naar zweet en was dronken. Wat valt er anders te doen als je twaalf uur moet wachten? O, wat een verschil had het gemaakt als ik maar drie flessen Russki Standart aan boord van dit vervloekte schip had gesmokkeld, of desnoods één.

En het begon allemaal nog wel zo veelbelovend. Ik was uitgenodigd om drie lezingen te geven aan boord van een cruiseschip. De route was geweldig: vanuit Harwich langs de fjorden van de Noorse kust naar de Noordkaap, en verder door naar Moermansk en de Witte Zee. De organisatie meldde dat ik slechts een paar dagen aan boord hoefde, maar als ik wilde mocht ik de hele tocht mee. De Noordkaap, daar wilde ik heel mijn leven al naartoe! Een mooie reis maken en daar ook nog eens voor betaald worden, wat een leven. Toen begon ik te twijfelen. Want een cruisetocht was voor mij net zo exotisch als een verblijf tussen de peniskoker dragende stammen van Papoea-Nieuw-Guinea. Misschien nog wel exotischer eigenlijk. Wat wist ik van cruisereizen? Denkend aan het woord 'cruiseboot' kwam er maar één beeld bovendrijven: de serie *The Love Boat*, waar ik elke middag naar keek als ik terugkwam van school. Ik moet erbij zeggen dat ik overal naar keek, ik was een visuele omnivoor. Veel vriendjes had ik niet, de tv was mijn grote vriend. Natuurlijk keek ik ook naar televisie die was bedoeld voor kinderen, maar ik was ook een grote fan van de Braziliaanse soap *De draagmoeder*. *The Love Boat* was toch wel mijn favoriet. Een gedateerde romantische comedy over de beslommeringen van de bemanning van een Amerikaans cruiseschip. Ik was verliefd – mijn liefdesleven begon ook voor de televisie – op Julie, de cruiseleidster. Vooral als zij 's avonds bij maanlicht wat mijmerde bij de reling. Kon ik maar naast Julie staan! Wat mij toen al vervelend leek, was de beperkte ruimte van het schip. De wetenschap dat je niet van boord kon. Niet dat je dat dan gelijk zou doen, maar het is fijn om te weten dat het kan. Om dezelfde reden heb ik elke avond een glas water naast mijn bed staan, waar ik nooit een slok uit neem.

Misschien was zeventien dagen op een boot zonder bekenden toch wel heel erg lang. Een dag of vier leek mij uiteindelijk wel voldoende. In Moermansk, het Den Helder van Rusland, zou ik aan boord gaan, en dan zouden we langs het ruige Kola-schiereiland varen. En dan door naar de Solovki-eilanden in het midden van de Witte Zee, schitterende eilanden met een donkere geschiedenis.

Op de Solovki-eilanden werd in de sovjettijd de eerste gevangenis neergezet voor politieke gevangenen, en er werd een systeem bedacht dat later zou uitgroeien tot de duizenden kampen met de miljoenen gevangenen van de goelagarchipel. Een systeem dat in Rusland eigenlijk nooit is ontmanteld. De Sovjet-Unie viel uit elkaar, en het ene na het andere land verklaarde zich onafhankelijk en voelde zich voor het eerst in generaties weer vrij. Rusland bleef over. Het land kon zich van niemand onafhankelijk verklaren. Een heel negatieve vorm van identiteit. Niet voor niets noemde Poetin het uiteenvallen van de Sovjet-Unie ooit 'de grootste geopolitieke catastrofe van de eenentwintigste eeuw'. Geen wonder dat er weinig is veranderd in Rusland, en dat de oud-KGB'er Poetin al dertien jaar aan de macht is.

Vanwege die nare sfeer verliet ik vier jaar geleden Rusland, en nu wist ik weer waarom: zodra ik aan boord kwam werd ik verhoord door een agent van de FSB, de opvolger van de KGB. In welk ander land word je als passagier van een cruiseschip verhoord door de geheime dienst? De man wilde weten waarom ik nu pas aan boord kwam. Ik vertelde hem over de boot als gevangenis, en ook over mijn liefde voor *The Love Boat*. Hij moest lachen en begon zijn stempel uitgebreid te beïnkten op een stempelkussen. Altijd een goed teken. Niet veel later zette hij een dozijn stempels op een dozijn formulieren, hij gaf mij er eentje, de overige elf hield hij voor zichzelf.

Ik liep naar mijn hut, waar ik mij al weken op had verheugd. Urenlang naar buiten turen, de schuimende koppen van de Barentszzee, verlicht door een middernachtzon. Een walvis zou net voor mijn patrijspoort een buiteling maken en met zijn staart majestueus in het water slaan. Als het stormde zouden de golven tot aan mijn ramen spatten, en ik zou veilig van binnen kijken naar het natuurspektakel.

Ik stapte de hut in en trok de deur achter me dicht. Toen pas merkte ik dat de hut helemaal geen raam had: ik stond in complete duisternis. Na lang tasten vond ik de lichtknop, een tl-lamp sprong aan. Ik zag wat ik nu ook zie: aan beide kanten van de kamer staat een bedje, ertussen is net genoeg ruimte voor een nachtkastje. Aan de muur hangt een tv, waar ik gelijk hard mijn hoofd tegen stootte. Onder de tv staat een piepklein bureautje waaraan ik nu in dit dagboek schrijf, met mijn benen onder de tafel geklemd.

Het kwam geen seconde in me op om te gaan vragen om een hut met een patrijspoortje, zo zit ik niet in elkaar. Van jongs af aan groeide ik niet op met het idee het leven zo aangenaam mogelijk te maken, maar juist met het idee het leven zo karig mogelijk te houden. Brood was er wel, maar het schimmelde vaak. Toen de tv stuk was duurde het een jaar voordat er een reparateur langskwam, een traumatische gebeurtenis voor een tv-verslaafde als ik. Om de een of andere reden zag iedereen in ons huishouden heel kleine, simpele probleempjes als schier onoplosbare mysteries. Pas sinds kort ben ik daar wat beter in geworden, en draai ik binnen een maand een nieuw peertje in de lamp. Hoe lang het wel niet duurt om alle shit uit je jeugd van je af te schudden! Aan de andere kant heeft deze eigenschap mij ook veel gebracht. Anders had ik het ongetwijfeld niet vijf jaar in Rusland uitgehouden. Of was ik op een aantal reizen door heimwee afgetaaid.

Ik ben altijd jaloers geweest op mensen met heimwee. Dat je zo erg naar huis verlangt (en de mensen die in dat huis wonen, neem ik aan) dat je vervroegd naar huis vliegt vanuit een of andere fijne exotische plek. Ik verlang nooit naar huis, erger nog: als ik thuis ben verlang ik naar weg zijn. De Duitsers noemen dat *Fernweh.*

Teleurgesteld in mijn hut ging ik de rest van het schip verkennen. De meeste passagiers waren nog aan land, op excursie in Moermansk, een vrij bespottelijke gedachte. Ik probeerde me voor te stellen dat een Amerikaans cruiseschip zou aanleggen in Den Helder, voor een excursie. Het schip was een drijvend gebouw zoals ik mij had voorgesteld, maar toch een stuk kleiner dan ik had gedacht. Natuurlijk was er een groot restaurant. Ook was er een zwembadje, maar daar zat geen water in. In het hart van het schip bevonden zich drie grote zalen waar lezingen en voorstellingen werden gegeven. In een van de ruimtes oefende een Brits acrobatengezelschap. Het gooien van een stokje ging voortdurend mis. Een jongen die erbij stond, kennelijk de hoofdacrobaat, schold het meisje uit, waardoor het gooien alleen maar slechter ging.

In de bar sloeg ik een aanzienlijk deel van mijn dagelijkse budget van twintig euro stuk met een espresso. Hier waren natuurlijk wel ramen. Ik ging zitten op een divan en keek naar de roestende kranen in de rommelige haven van Moermansk, 's werelds grootste stad boven de poolcirkel. Dan tel ik Severomorsk, aan de andere kant van de heuvels, niet eens mee. Daar ligt de noordelijke vloot van de Russen, met genoeg atoombommen aan boord om de wereld een paar keer op te blazen. Journalisten zijn er niet welkom, en zelfs Russen hebben een speciale vergunning nodig om de stad in te komen.

Een bankje verderop zat een gepensioneerd Brits echtpaar. Afgezien van de acrobaten verwachtte ik op deze tocht geen mensen jonger dan zestig tegen te komen. De vrouw was twintig minuten aan het woord, terwijl de man glazig naar buiten keek. Hij was gekleed in militair uniform, later begreep ik waarom: alle Britten voeren mee om een zeeslag uit de Tweede Wereldoorlog te herdenken. De vrouw vertelde een lang verhaal over een bezoek aan de *fishmonger*, een visboer, begreep ik uit de context. 's Avonds schreef ik het op in mijn lijstje met mooie woorden dat ik altijd bij me heb, onder 'fluks'. Zij vertelde haar man over haar bezoek aan de fishmonger, en hoe erg ik mijn best ook deed, er viel geen clou in het verhaal te ontdekken. De man leek het niet erg te vinden, waarschijnlijk was hij helemaal niet aan het luisteren. En ik vond het ook niet erg, ik genoot van mijn espresso en de roestige kranen, die al sinds Gorbatsjov niet meer bewogen.

Had ik er nog maar wat meer van genoten. Op dat moment wist ik niet dat dit de gelukkigste twintig minuten aan boord bleken te zijn geweest. Het waren de enige minuten die ik aan boord doorbracht zonder dat iemand mij lastigviel. Nu moet ik erbij zeggen, lief dagboek, dat ik er meer dan gemiddeld behoefte aan heb om alleen te zijn. Vooral in India gaf dat problemen. 'Enkel onder de douche ben je alleen,' zeggen de Indiërs, en dat klopt. Privacy bestaat er niet. Zelfs op de wc zit je rustig gehurkt naast zes andere mannen, die ook nog in staat zijn om een discussie over politiek te voeren terwijl hun gespreksgenoot zich spetterend ontlaadt. Ook busreizen maken Indiërs nooit in hun eentje, er rijdt altijd wel een vriend mee. Als ik in mijn eentje in de bus reisde keken Indiërs mij aan alsof ik ontsnapt was uit een psychiatrische inrichting. Van de wieg tot het graf, nooit is een Indiër alleen. Alsof je onderdeel bent van een groter organisme, en zonder andere lichamen en geesten om je heen niet kan functioneren.

Bij mij is het precies andersom. Ik heb best vaak tijd nodig voor mezelf. Vrienden die hun agenda's volplempen met afspraken begrijp ik niet. Vooral als ik met een filmploeg op stap ben, leidt dat soms tot ongemakkelijke situaties. Ik heb dan altijd de keuze tussen in gezelschap blijven – wat sociaal geaccepteerd is – en af en toe alleen in mijn kamer zitten, wat ik eigenlijk wil. Hoe ouder ik word, hoe vaker ik het laatste durf te doen.

Maar alleen zijn, behalve in mijn raamloze hut, was onmogelijk in de vier dagen die volgden. Van boord kon ik niet, en ik kon moeilijk zeggen dat ik echt weer verder moest naar een of andere belangrijke vergadering. Er waren vijfhonderd passagiers aan boord, en ze bleken allemaal met mij te willen praten. Of eigenlijk niet met mij, maar met Jelle van de televisie. Mensen die mij niet kennen vormen een beeld aan de hand van mijn televisieoptredens. Ik noem hem 'Parallelle Jelle'. Een eloquente intellectueel, links van het midden, een ideale schoonzoon – ik krijg meer brieven van moeders die hun dochter aanprijzen, dan van de dochters zelf.

Parallelle Jelle is zeer reislustig en sociaal. Iemand die met alles en iedereen wel een gesprekje aanknoopt. Niets is minder waar, helaas. Elk gesprek is voor mij een worsteling. Het begint al met het herkennen van gezichten. Hoe vaak heb ik niet meegemaakt dat ik mij op een borrel twee keer voorstelde aan dezelfde persoon! Borrels, dat zijn toch wel de moeilijkste plekken. Een gezelschap waar je eigenlijk niemand kent, terwijl je toch geacht wordt een gesprek te voeren. Maar waarover dan in godsnaam? Als journalist is mijn rol ten opzichte van de geïnterviewde duidelijk. Ik weet precies wat ik wil weten, en dus wat ik moet vragen. Maar zomaar een gesprek, hoe begin je zoiets? En waarom zijn die gesprekken eigenlijk leuk? En hoe loop je van iemand weg als je er geen zin meer in hebt? En nog belangrijker, hoe voel je aan dat je gesprekspartner wel klaar met je is? Na een paar minuten denk ik eigenlijk altijd wel: hij of zij zal wel verveeld zijn, ik kan me beter excuseren en naar de bar gaan voor nog een wijntje, misschien gaat het wel beter als ik meer opheb.

In vliegtuigen ben ik nooit degene die een gesprek begint. Begrijp me niet verkeerd: ik vind het meestal wel leuk om dit soort gesprekken te voeren, maar dan gaat het meestal van de ander uit. Dat initiatief nemen is meer iets voor Parallelle Jelle: echt zo'n jongen die in zijn eentje een wereldreis gaat maken, en in een hostel op de avond van aankomst weer vrienden voor het leven maakt. Was het maar zo! Ik vind het misschien fijn om alleen te zijn, maar alleen op vakantie is een ander verhaal.

Mijn langste vakantie alleen duurde drie dagen. Drie doodongelukkige dagen. Met een vriend was ik naar een demonstratie in Genua geweest; hij ging naar huis, en ik ging in mijn eentje door naar Florence. Drie dagen liep ik hulpeloos door de stad, mijn ogen gleden langs de schilderijen in het Uffizi, maar ik zag niet wat er was afgebeeld, daar was ik te ongelukkig voor. 's Avonds at ik alleen in een restaurant. Ik koos dan het meest onooglijke plekje in de hoek van het restaurant, en toch had ik het gevoel dat iedereen naar mij zat te kijken en dacht: wat een stakker, zit hij daar in zijn eentje. Ik schrokte mijn gnocchi naar binnen en rekende met verbrande mond af bij de bar. Aan het eind van dag twee, op de trappen van een kerk, welke weet ik niet want ik was radeloos, schraapte ik al mijn moed bij elkaar en sprak ik een meisje aan, dat even verderop in haar eentje op de trappen zat. Ik stelde voor om 's avonds weer op de trappen af te spreken, ik had gehoord van een jazzclub in de buurt. Zij ging akkoord en liep weg. Wat was ik trots op mijzelf, niet alleen maar een vreemde aangesproken, maar ook nog een aantrekkelijke vreemde, met wie ik 's avonds naar een jazzclub zou gaan en wie weet wat nog meer. 's Avonds zat ik weer op de trappen. Toen zij er na een kwartier nog niet was wist ik het wel, ze kwam verdomme uit Zwitserland, en Zwitsers komen nooit te laat.

Maar dit is niet de Jelle die mensen voor zich zien als ze mij spreken, ze zien Parallelle Jelle voor zich. Sinds de Rusland-serie komt het voor dat op straat wildvreemden mij omhelzen, in een soort van reflex. Daarna generen ze zich, en zeggen ze dat ze mij als een vriend beschouwen. Kennelijk kan je bevriend met iemand raken via de televisie.

Ik zou graag willen dat ik wat meer op die Parallelle Jelle leek. Een Jelle die van borrel naar borrel gaat, een Jelle die voortdurend gebeld wordt, als hij zelf al niet aan de telefoon zit. Die vrienden voor het leven maakt in het vliegtuig, en bij aankomst in één moeite door alle aanwezigen in de zaal om zijn vingers windt als presentator van een of ander gala. Ja, dat lijkt mij wel wat.

Terwijl ik hierover mijmerde zag ik de passagiers door de stromende regen weer aan boord gaan. Onderweg naar mijn hut liep er een man op me af. Zelfverzekerd, zoals Parallelle Jelle dat ook is. Hij schudde mijn hand, en zoals gebruikelijk was ik zo afgeleid door de handdruk zelf dat ik zijn naam niet verstond. Daarna brabbelde hij nog wat, en toen hoorde ik: 'Ik ben mijn muts kwijt.' De man was zijn muts op excursie kwijtgeraakt, waarschijnlijk in het museum van opgezette dieren in Moermansk. Of ik even wilde bellen met het museum van opgezette dieren. Er nam een vrouw op met 'Ik luister', de Russische variant van 'Hallo' of 'Goedendag, waarmee kan ik u van dienst zijn?' Nee, een muts had zij niet gezien. Ik bracht de man het slechte nieuws, en geërgerd liep hij weg.

Kennelijk had ik nog een andere rol aan boord. Niet alleen die van Bekende Nederlander, maar ook die van Iemand Die Russisch Spreekt. Interessant. Zodra de man was weggebeend kwam er een vrouw naast mij staan. Aan handen schudden deed ze niet, wat ik niet zo erg vond want dan hoefde ik haar naam niet te onthouden. 'Nou, daar ben je dan,' begon de vrouw. 'Waar was je nou? We zijn al een week onderweg. Weet je waarom ik deze reis heb geboekt? "Reis mee met Jelle Brandt Corstius", stond er boven de advertentie. Maar je was er helemaal niet, je komt nu pas aan boord!'

Dat van die advertentie hoorde ik voor het eerst, maar het verbaasde me niets. Op een gegeven moment gaan mensen met je naam aan de haal. Je naam is een soort product. Telefoonmakers en kledingmerken willen dat je hun spullen draagt. Documentairemakers willen graag met je in zee, niet omdat ze jou zo geschikt vinden, of überhaupt competent, maar omdat hun subsidieaanvraag voor het Filmfonds meer kans maakt met jouw naam erop. Uitgevers willen graag een quote van jou op hun boeken, en sturen geheel ongevraagd manuscripten op. En nooit over hiphop, Murakami of sciencefiction, waar ik toevallig van houd, maar over klassieke muziek en doorwrochte boeken over de teloorgang van de Russische adel. Typisch boeken die Parallelle Jelle verslindt op zijn design divan, terwijl hij een slok neemt van een voortreffelijke pinot grigio, want verstand van wijn heeft hij ook. In het haardvuur knispert het hout, een smaakvol Afrikaans standbeeld kijkt toe vanuit de hoek van de kamer.

En nu dus ook misleidende advertenties, waar ik nota bene nog voor moest boeten ook.

Hoe onaangenaam deze twee ontmoetingen misschien ook waren, ze waren in ieder geval kort en krachtig, zei ik maar tegen mijzelf om de stemming erin te houden. Ik ging weer op de bank voor het raam zitten en zag hoe het schip langzaam de haven van Moermansk verliet. Toen we de bocht om waren kon ik zelfs een glimp opvangen van de verboden stad Severomorsk. Er lagen een paar onderzeeërs, maar voor de rest stonden er dezelfde roestige kranen en treurige woonflats als in Moermansk en de rest van Rusland.

Er kwam een echtpaar naast mij zitten. Vriendelijke mensen; dat was al een vooruitgang. Ze hadden ergens gelezen dat ik ooit in een Fins ziekenhuis was beland, wat klopte: ooit brak ik een ruggenwervel in Moermansk, en ben ik overgebracht naar het ziekenhuis van Helsinki. Ik knikte, en voor het echtpaar was dat het startsein voor het vertellen van hun eigen avonturen tijdens een reis naar Finland, die zij ergens in de jaren vijftig hadden gemaakt. Het was een vrij lang verhaal, maar ik kon moeilijk zeggen dat ik een trein moest halen, dus geduldig wachtte ik tot het was afgelopen. Zo gingen de meeste gesprekken aan boord van de Discovery. Eigenlijk waren het geen gesprekken – een gesprek impliceert interesse in de ander, een dialoog. Dit waren meer monologen: mensen vertelden wat zij allemaal hadden meegemaakt, en ik diende te luisteren. Feitelijk waren ze niet geïnteresseerd in een gesprek. Het leek wel alsof iedereen de drang voelde om aan te tonen dat zij groots en meeslepend hadden geleefd. Terwijl ik vriendelijk zat te knikken moest ik denken aan Madonna, die ooit opmerkte dat mensen niet naar een concert komen om naar haar te kijken, maar om aan Madonna te laten zien dat zij bestaan.

Na het echtpaar volgden een moeder met haar dochter, een man en twee vrouwen. Allemaal wilden zij erg graag vertellen over de reizen die zij hadden gemaakt, of bij gebrek daaraan waren ze ook niet te beroerd om over hun werk te vertellen. Twee uur gingen voorbij, en ik was doodop. Het schip bevond zich intussen op open zee, en voor het avondeten dook ik toch nog maar even mijn raamloze hut in.

Op de televisie zaten twee kanalen. Eén kanaal was kennelijk bedoeld voor de bemanning, met intens saaie video's over veiligheid aan boord. Een kok rookte een sigaret naast een benzinetank, waarna er een groot kruis verscheen, om duidelijk te maken dat dit niet mocht. Op het andere kanaal kon je naar buiten kijken. Op de boeg van de Discovery was een camera bevestigd, waardoor je live kon zien waar we aan het varen waren. Op zee, was het weinig verrassende antwoord. En toch was het fijne televisie, vooral voor mensen als ik, die in een hut zonder ramen waren weggestopt. Zoals de boeg ritmisch op de golven beukte had het ook wel iets meditatiefs. De golven waren nu een stuk hoger, per slot van rekening was dit de wilde Barentszzee.

Ik voelde een misselijkheid opkomen, en hoopte vurig dat het te maken had met mijn belabberde situatie. Laat het geen zeeziekte zijn, zei ik bezwerend. In godsnaam geen zeeziekte. De laatste keer dat ik een lange tocht met een boot maakte was ik vijftien jaar oud. De boot ging van IJmuiden naar Göteborg, een volle dag varen, en een volle dag zaten wij in een storm. Voor mensen die nooit zeeziek zijn geweest valt de ellende bijna niet te beschrijven. Wat voor vreselijke dingen ik ook ooit heb meegemaakt in mijn leven, ik heb er nooit aan gedacht om zelfmoord te plegen. Daar ben ik ook te laf voor. Maar op die boot naar Göteborg, toen ik mijn maaginhoud tot aan het maagzuur toe eruit had gekotst, de hele nacht niet had geslapen, en 's nachts op het midden van het dek was gaan staan met mijn blik op de horizon want dat schijnt te helpen, en dat het toen niet hielp, en dat ik toen probeerde te kotsen maar dat er niets uit mijn groene hoofd kwam, toen wilde ik echt liever dood.

Maar na een uur deinen op de MS Discovery was ik gelukkig nog steeds niet echt misselijk, kennelijk kan de aanleg voor zeeziekte verdwijnen. Hongerig liep ik richting het reusachtige restaurant, ik durfde het nu aan om mijn maag te vullen.

Voor de ingang van het restaurant stond een Filippijn. De hele bemanning, op de kapitein na, bestond uit Filippijnen. Op het schip was voor het personeel een apart gangenstelsel, met eigen trappen en deurtjes. De bemanning deed me een beetje denken aan de Oempa Loempa's uit *Sjakie en de chocoladefabriek*. Overal doken ze op, breed glimlachend, of ze nou koffie inschonken of het dek aan het schrobben waren. '*For your safety, sir,*' zei de ober met een grote lach en hij wees naar een grote bak met desinfecterend spul met een pompje eraan. Elke eetgast, schone handen of niet, moest zijn handen inwrijven met dit spul.

De gasten zaten in een grote eetzaal. Ik had hoge verwachtingen van het eten. Voor zover ik weet bestaat het maken van een cruisetocht voornamelijk uit eten. Bakken vol, de hele dag door. Een buffet dat nooit wordt leeggegeten, en alleen maar wordt aangevuld. Mensen die zich vol schransen, *La grande bouffe* op zee. Zo niet op de MS Discovery. Aangezien de hele crew Filippijns was, besloot ik een Aziatisch gerecht te nemen, daar waren ze vast goed in. Een ober zette een bordje voor mijn neus. Het was een piepklein hoopje noedels met wat garnalen erop en een flintertje bosui. Niet alleen was de portie klein, ze was ook nog eens behoorlijk flauw. Wat bleek: in geen van de gerechten zat zout. Dat was bewust, zout schijnt slecht voor je te zijn als je ouder wordt.

De zouteloze maaltijden deden mij denken aan een vakantie in Italië. Het was september, ik had net *Zomergasten* gepresenteerd, en met mijn vriendin ging ik naar de Ligurische kust bij Genua; we verheugden ons op warm weer en verlaten stranden. Maar het krioelde er van de bejaarden, alle hotels zaten vol. Eigenlijk lag dat ook wel voor de hand: in september is het niet meer zo warm, en zijn de gezinnen met kinderen alweer naar huis. We belandden in een hotel waar alle kamers met zeezicht waren vergeven, we keken uit op een minigolfbaan, waar het ook wemelde van de bejaarden. En elke avond moesten we bij de maaltijd vragen om het zoutvaatje.

Maar zelfs met een zoutvaatje bij de hand waren de maaltijden aan boord niet te redden. In feite at iedereen gewoon bejaardentehuisvoedsel, al werd alles opgediend op mooie porseleinen borden, en genuttigd met zilveren bestek. Het was een drijvend bejaardentehuis.

Aan weerszijden van mij zaten twee dames die vertelden over de trip naar Moermansk, eerder op de dag. Dat was geen onverdeeld succes geweest, wat mij niet verbaasde. Het is gewoon een van de honderden steden die in de sovjettijd zijn neergeplempt op de meest godvergeten plekken. Daar komt nog bij dat Moermansk boven de poolcirkel ligt; in de zomer gaat de zon dan wel niet onder, in de winter gaat hij een paar maanden niet op. Ik heb ooit een verhaal gemaakt over moslims in Moermansk; eerlijk gezegd alleen maar omdat het zo mooi alliteereerde. Ik vroeg wat er gebeurde als de ramadan in de zomer viel. Als de zon niet ondergaat, wanneer stop je dan met vasten? De imam vertelde over de jaren twintig van de vorige eeuw, toen er een spoorlijn werd aangelegd van Moermansk richting beschaving. Een aantal islamitische Tadzjieken die aan de spoorlijn werkten overleden tijdens de ramadan door honger en dorst, compleet in verwarring. Sindsdien loopt de islamitische kalender in Moermansk op Moskou-tijd.

Moermansk was de enige stad op dit deel van de route, dat was de enige reden die ik kon verzinnen voor de excursie. In de stromende regen was de groep opgedeeld in twee groepen. De ene groep was naar het museum met opgezette dieren gestuurd, waar de man eerder op de dag zijn muts was kwijtgeraakt. Ongetwijfeld had een gids daar drie kwartier feitjes opgesomd in onbegrijpelijk Engels, of gewoon in het Russisch. De andere groep was naar een 'Sami-dorp' gereden. De Sami, oftewel de Lappen, wonen in het noorden van Rusland, diep in de toendra, uren rijden met een sneeuwscooter vanaf de dichtstbijzijnde weg. Die plekken waren te ver voor een dagtrip vanaf de boot, dus hadden de expeditieleden van de MS Discovery een Sami-dorp bezocht dat speciaal was ingericht voor toeristen. Een van de deelnemers kwam langs en vertelde over de reis. Het elandenvlees was vies, het dorp was vies, de weg was slecht, en het weer was slecht. Dat had hij kennelijk niet van Rusland verwacht. Wonderlijk. Alsof je elke keer op de wc verontwaardigd bent als er een stinkende drol uit je reet komt.

'Wat vindt u van Jan Leyssen?' vroeg een vrouw aan de overkant van de tafel. Ze bedoelde Jan Leyers, die mij had opgevolgd als presentator van *Zomergasten*. De boottocht viel samen met het *Zomergasten*-seizoen. Het programma heeft een onweerstaanbare aantrekkingskracht op mensen die lijden aan wat ik het educatiecomplex noem. Je kan je school afmaken, je kan afstuderen, je kan promoveren. Of je kan het niet doen. Het is allemaal geen schande, en het is al helemaal geen teken van intelligentie als je bent afgestudeerd. Ik ken hele domme mensen die zijn gepromoveerd, en op mijn reizen ben ik veel mensen tegengekomen die niet eens kunnen lezen, maar van wie ik een hoop heb geleerd. Voor mij is er geen correlatie tussen opleiding en intelligentie. Maar er zijn een heleboel Nederlanders die dat wel zo zien, en die bovendien hun studie nooit hebben afgerond. En die daar vervolgens een geweldig complex over hebben ontwikkeld. Zij denken dat de wereld hen niet voor vol aanziet, omdat ze die bul net niet binnen hebben gehaald. Dit compenseren zij door te strooien met citaten, liefst van Franse filosofen, door voortdurend boeken en schrijvers aan te halen – liefst humorloze Nobelprijswinnaars – en ze doen dat altijd te onpas. Niet omdat het iets toevoegt aan het gesprek, maar om aan te tonen dat zij die filosoof, schrijver of dichter kennen. *Zomergasten* is voor dit soort mensen een warm bad. 'Eindelijk eens de diepte in. Drie uur lang, heerlijk!' roepen ze dan uit. Terwijl ze kennelijk niet eens op de hoogte zijn van de naam van de presentator. Diezelfde mensen zullen je vragen: 'Heb je de column van Bas Heijne al gelezen?'

Diverse filosofen werden aan tafel besproken, alsmede een paar Grote Schrijvers. Een dame reageerde geschokt toen ik zei dat ik nog nooit iets van Dostojevski had gelezen. Ik was begonnen in *De gebroeders Karamazov*, maar vond het eerlijk gezegd niet geweldig geschreven, dus was ik ermee gestopt. Platonov en Vojnovitsj, Majakovski en Ryzji, dat vond ik wel wat. Daar had de vrouw weer nooit van gehoord, die hoorden niet bij de Grote Schrijvers. 'Ik vind het onbegrijpelijk dat je Dostojevski niet hebt gelezen. Dan kun je Rusland toch niet begrijpen!' riep ze kwaad. De ober kwam langs met het toetje, een stukje cheesecake ter grootte van een rijksdaalder.

Zo gauw ik kon verdween ik naar mijn raamloze hut en zette de televisie aan. Er waren intussen drie zenders bij gekomen: één met zwart-wit-films, één met kostuumdrama's en één zender waar ouderen herinneringen ophaalden aan vroegere, betere tijden. Opnieuw vervloekte ik mezelf dat ik niets te lezen of te kijken had meegenomen. Ik nam de twee lezingen door die ik de volgende dag moest geven, en zat te bedenken hoe vaak ik al een lezing had gegeven. Het moeten er meer dan honderd zijn geweest, en toch werd het er niet makkelijker op. Elke keer als ik voor een zaal stond dacht ik: volgens mij hebben die mensen echt geen zin om drie kwartier naar mij te luisteren. Volgens mij ben ik ook de enige spreker van Nederland van wie de lezingen nooit uitlopen. Vol bewondering had ik die ochtend op het schip geluisterd naar een wetenschapper die een lezing improviseerde aan de hand van een paar plaatjes.

Ik ging op mijn bed liggen en zette de televisie maar weer op de boegcamera. Kort overwoog ik een dagboek te beginnen, maar dat vond ik te pathetisch, op dat moment in ieder geval. Ik heb nog nooit in mijn leven een dagboek bijgehouden. Het schijnt ontzettend goed te zijn, het opschrijven van gevoelens et cetera. Maar ik vond het een absurde gedachte dat ik iets alleen voor mijzelf op zou schrijven. Waarom zou ik het dan doen? Ik hoef toch alleen maar in mijn hoofd te kijken? Nog los van het principe dat ik nooit iets opschrijf zonder ervoor betaald te worden. Daarom heb ik ook nooit voor de schoolkrant geschreven. Toen ik een jaar of tien was hield ik overigens wel even een heel summier dagboek bij, je kon het nauwelijks een dagboek noemen: elke avond noteerde ik hoeveel sterren er aan de hemel stonden, en wat we die avond hadden gegeten. De maaltijden werden gemaakt door vrouwen die bij ons kwamen koken. Bij gebrek aan een beter woord zou je ze koks kunnen noemen. Het waren om de een of andere reden altijd antropologiestudenten. Sommigen konden heel erg smerig koken. Ik moest denken aan een komkommer uit de oven. Diezelfde vrouw ging af en toe de tuin in om bladeren te verzamelen voor een ongetwijfeld voedzaam, maar buitengewoon goor veganistisch gerecht.

Het was rond diezelfde leeftijd dat ik vaak na de maaltijd, altijd een grote bron van nieuwe ruzies en sluimerende conflicten, op mijn fiets stapte en naar de ringweg van Amsterdam reed, die toen in aanbouw was. Dan klom ik het talud op, en keek ik uit over een grote zandvlakte, waar tegenwoordig auto's razen. Kinderen speelden er niet, mensen liepen er niet. Geen hond hoorde je er blaffen. Er was niets behalve zand en ik. Daar zat ik dan, meestal een halfuurtje. Ik werd er niet gelukkig van, of verdrietig. Het was allesbehalve spiritueel. Maar om de een of andere reden voelde ik me hier op mijn gemak. En meestal voelde ik me daar schuldig over.

Intussen beukte op de televisie ons schip in op de golven, wolken dreven voorbij. Koortsachtig zocht ik naar afleiding in de hut om niet alleen te zijn met mijn gedachten. Uit arren moede bladerde ik in een multomap met informatie over de boot. Er bleek een dagelijks scheepsjournaal te worden gemaakt. En interessant genoeg was er een kledingvoorschrift, het was bijvoorbeeld voor mannen verplicht om tijdens het nuttigen van de minieme hoeveelheden bejaardenhuisvoedsel een colbert te dragen. Nadat ik de multomap in zowel het Nederlands als het Engels had doorgelezen deed ik het licht uit. Het was net zo donker met mijn ogen open als met mijn ogen dicht. In mijn hut had ik in ieder geval geen last van de middernachtzon, en met deze troostende gedachte viel ik in slaap, met het gestamp van de motoren op de achtergrond.

Midden in de nacht werd ik zwetend wakker uit een nachtmerrie. Zoals gebruikelijk in mijn nachtmerries droomde ik dat ik geheel verlamd was, maar bij volle bewustzijn. Vervolgens komt er iemand binnen die mij op zijn gemak vermoordt, haast hebben ze nooit. En ik maak elke minuut mee. Wie mij komt vermoorden is altijd de variabele. In dit geval waren het de Filippino's aan boord, die verkleed waren als Oempa Loempa's. Ze waren mijn hut binnengedrongen, hadden mij op een brancard gebonden en vervolgens zonder ceremonie in het ijswater van de Barentszzee gesmeten. Nog voor ik verdronk ging ik dood door bevriezing.

Ik zette de tv op het kanaal met de boegcamera. Het was drie uur 's nachts, maar de lucht had dezelfde dreigende grijsblauwe kleur als toen ik ging slapen, en de zon hing nog steeds treiterend boven de horizon. Alsof we met de boot in de tijd waren blijven hangen.

Bij het ontbijt, ik had nog geen slok van mijn koffie kunnen drinken, kwam een vrouw bij mijn tafel staan. 'Namasté,' zei ze, de Hindi-groet. Dat verklaarde het fladderende Indiase gewaad dat zij droeg. Een typische India-ganger, die je bij bosjes ziet in de grote steden langs de Ganges, en in het zuiden van India. Op zoek naar verlichting – en kennelijk is de eerste stap van verlichting het dragen van een sari, terwijl die

Indiërs alleen maar denken: wat doet die blanke in een sari? Een maand, soms langer, brengen ze door in een ashram, waar het eten net zo smakeloos is als op een cruiseschip. En allemaal lopen ze rond met een vreemde grijns, eerder een grimas. De mondhoeken blijven permanent omhoog, ook dit om uit te drukken hoe verlicht ze zijn. En hoe blij ze zijn dat ze zijn bevrijd. Maar tegelijkertijd is het verdriet in hun ogen af te lezen. De ogen vertellen dat je niet zomaar van sores afkomt door in een gewaad door India te lopen met je mondhoeken omhoog.

'Ik zou graag met je over Nepal van gedachten willen wisselen,' begon de vrouw.

'Maar ik ben nog nooit in Nepal geweest,' wierp ik tegen.

'Dat geeft niet,' was haar antwoord. Een andere passagier kwam zonder enige aankondiging naast mij zitten, en begon dwars door het verhaal over Nepal heen te klagen over een Nederlandse deelnemer in een rolstoel, die ik in mijn hoofd dan ook 'meneer Rolstoel' had genoemd.

Eigenlijk was de reis niet geschikt voor invaliden, maar de organisator had kennelijk de hand over het hart gestreken. Dat vond deze passagier maar niks. 'Waarom krijgt deze man een speciale behandeling, alleen maar omdat hij in een rolstoel zit? Waarom mag hij vooraan zitten bij de lezingen? En waarom moeten wij hem voortdurend ergens anders heen rijden als zijn vrouw er weer eens niet is?'

Ik had al eerder passagiers horen klagen over meneer Rolstoel, op diezelfde venijnige toon. Ik denk dat de haat tegen de man in de rolstoel een diepere oorzaak had. Misschien werden de bejaarden door zijn rolstoel wel geconfronteerd met hun eigen aftakeling, die zij juist probeerden te compenseren met deze avontuurlijke schijnvertoning van een cruisetocht. En dan reed er zo'n lul in een rolstoel over het dek! Een kunstgebit of een kunstheup of een gehoorapparaat, dat valt niet zo op. Maar een rolstoel, misschien was dat wel te confronterend. Voor je het wist kwam je via de wandelstok en de rollator en de scootmobiel ook in zo'n rolstoel terecht. Ik probeerde mij voor te stellen dat ik zelf bejaard was, en me zou ergeren aan invalide medepassagiers die tegen de regels in een cruisetocht maken. Ik kon het me niet voorstellen, net als ik me überhaupt niet kon voorstellen dat ik ooit in mijn leven nog een cruisetocht zou maken zonder dat iemand een pistool tegen mijn hoofd gedrukt hield.

Aan de andere kant kan ik mij ook niet voorstellen dat ik op een bepaalde leeftijd niet meer begrijp hoe bepaalde apparaten werken. Zoals de bejaarden van nu ook vaak niet weten hoe je je telefoon op stil zet tijdens een klassiek concert. Als ik oud ben, dan zullen er ongetwijfeld nieuwe apparaten zijn uitgevonden, apparaten waar wij ons nu geen voorstelling van kunnen maken. En mijn kleinzoon zal geërgerd uit gaan leggen hoe ik de nieuwste geheugenrecorder installeer in mijn hersenen, en ik zal het niet begrijpen. Dus wie weet ga ik mij ooit ook wel aan een rolstoel ergeren.

Begrijp me niet verkeerd, lief dagboek. Vóór de reis maakte ik me echt geen illusies. Ik was er niet alleen voor de lezingen, maar zou vogelvrij rondlopen op het schip. Dat mensen mij dan aan zouden schieten had ik verwacht. Maar niet dat ze zonder enige aankondiging bij me aan tafel zouden komen zitten en dan niet om een normaal gesprek te voeren, maar om te klagen over mannen in rolstoelen. Ik voelde mij als een kruising tussen een hoer en een huisdier. Een hoerdier, bij wie je met al je sores terechtkon, zonder enige schroom of reservering, want per slot van rekening zat ik bij de prijs inbegrepen. En in tegenstelling tot een huisdier praatte ik nog terug ook.

Dit waren natuurlijk ook geen gemiddelde

mensen. Ze waren rijk – de reis kostte een grote schep met geld. En nog het meest fascinerende: ze waren avontuurlijk en angstig tegelijk. Het reizen per cruiseschip wekt namelijk de suggestie van avontuur. Niet veel mensen varen langs de Noordkaap en Moermansk naar de Witte Zee. Maar het heeft weinig met avontuur te maken. Zodra je aan wal bent word je met een gids per toerbus veilig van museum naar souvenirwinkel gebracht, en 's avonds ben je weer veilig op je eigen schip, op veilige afstand van het vasteland. De combinatie van angst en avontuur haalde in ieder geval niet het beste in de mens naar boven. Dit waren reizigers die avontuur zochten zonder de risico's en de tegenslagen, wat per definitie onmogelijk is. En misschien dat er daarom zoveel werd geklaagd over Rusland, rolstoelen en vermiste mutsen.

Die eerste ochtend na mijn aankomst gaf ik mijn eerste lezing, over de nomadische volkeren langs de Barentszzee. Ik liet foto's zien van fotograaf Jeroen Toirkens, met wie ik die reizen had gemaakt, onder meer naar een rendierbrigade van de Sami – een schitterende tocht, diep in de toendra van het Kola-schiereiland, waar wij nu langs voeren. Vaak hebben mensen een romantisch beeld bij nomadisch leven, maar er is niets romantisch aan. Het leven van een nomade is hard en kort. Overleven in de wilde natuur is bruut en gevaarlijk. Geen wonder dat alcoholisme een groot probleem is onder nomaden. Er klonk wat gebrom uit de zaal, kennelijk waren dit niet de verhalen waar zij op zaten te wachten.

Na de lezing stak een vrouw op de eerste rij een trillende hand op. Ze was zo kwaad dat ze bijna niet uit haar woorden kon komen. 'Ik ben antropoloog. U noemt nomadisch leven de oudste vorm van bestaan. Maar dat is helemaal niet zo! Dat waren de jager-verzamelaars! De nomaden kwamen daarna pas!' De vrouw was zo kwaad dat kleine belletjes speeksel zich hadden verzameld in de hoeken van haar mond. 'De jager-verzamelaars!' herhaalde ze nog maar eens.

Aansluitend op de lezing begon een 'massagedemonstratie'. Een bejaarde vrouw ontblootte haar schouders en kreeg een nekmassage. Ongeveer zeventig man zat in de zaal rustig toe te kijken. Alarmerend genoeg keken ze net zo geïnteresseerd als tijdens mijn lezing.

Ik hielp meneer Rolstoel de zaal uit, en liep het dek op. Ik had frisse lucht nodig, en snel ook. Misschien kon de zee me tot rust brengen. Aan de reling keek ik uit over de grijze watervlakte.

We voeren nu redelijk dicht langs de kustlijn, ik kon hier en daar een strandje ontwaren. Even vroeg ik mij af hoe lang ik het zou uithouden als ik overboord sprong, en of ik het strand zou kunnen bereiken. Ik klom omhoog naar het bovenste dek, waar een groot ovaal veld was aangelegd met kunstgras. Een groep bejaarden schuifelde langzaam maar vastberaden rondjes op het grasveld. Op het ovaal heerste etiquette: op een bordje stond dat 'sporters' met de klok mee moesten lopen. 18 RONDJES IS 1 MIJL stond eronder. Dit was *serious business* op het bovenste dek, eindelijk iets leuks om naar te kijken. Af en toe haalde een bejaarde een andere bejaarde in, al nam de inhaalmanoeuvre een heel rondje in beslag. Een vrouw in joggingbroek en hardloopschoenen, die met een astronomische 1 kilometer per uur aan kwam suizen, gebaarde dat ik opzij moest gaan, straks zouden wij nog boven op elkaar botsen.

De lunch op het bovendek van het schip was zo mogelijk nog smeriger dan het diner. Het enige wat erger is dan normaal bejaardeneten is Brits bejaardeneten. En kennelijk kregen vandaag de Britten hun zin. Er stond een grote bak met uitgedroogde worstjes in een soort broodpudding. '*Toad in a hole!*' zei een Britse bejaarde trots, die had gezien dat ik met verwondering naar de bak stond te kijken. Eetbare gerechten waren bedekt met een dikke laag jus.

Later op de dag, na mijn tweede lezing – opnieuw een moeizame sessie – was er een borrel, georganiseerd door de Nederlandse groep. Mijn aanwezigheid was niet verplicht, maar werd van mij als hoerdier eigenlijk wel verwacht. Hoe dan ook, er was gratis alcohol, en daar was ik wel aan toe. Ik zorgde dat ik vijf minuten voor aanvang bij de borrel aanwezig was. Een geamuseerde Filippijn gaf mij twee glazen wijn, die ik in één keer opdronk. Ik was klaar voor de strijd.

De man met de vermiste muts kwam naar mij toe. Hij zei: 'Ik heb goed nieuws en slecht nieuws. Het goede nieuws: mijn muts is terecht. Ik apprecieer dat je geholpen hebt met zoeken, werkelijk waar. Het slechte nieuws, als ik helemaal eerlijk ben...' Hier liet de man een veelbetekenende stilte vallen. Zijn ogen priemden in mijn hoofd zoals alleen mannen die jarenlang keiharde besluiten hebben moeten nemen in *boardrooms* dat kunnen. 'Als ik helemaal eerlijk ben,' herhaalde de man om het dramatisch effect te vergroten, 'uw eerste lezing was niet goed. Het verhaal was te anekdotisch, niet verdiepend genoeg. En de foto's die u erbij liet zien: dat kan beter. Echt waar. Ik heb nog wel wat tips.' Ik beloofde de tips door te geven aan de fotograaf, die kort daarvoor een Zilveren Camera had gewonnen voor zijn nomadenproject, zoals ik er subtiel bij vermeldde. Maar deze mutsenman was niet van de subtiliteiten, of hij had nog nooit van de Zilveren Camera gehoord.

'Moet je horen,' vervolgde de man, terwijl hij een grote, zware hand op mijn schouder legde, 'ik heb een vrindje die foto's maakt. Het is een hobbyist, maar het zijn verdomd goede foto's. Als je nou je reis opnieuw maakt, maar dan met mijn vrindje, die fatsoenlijke foto's kan maken. Maakt je verhaal echt een stuk beter, dat kwam nu ook niet helemaal uit de verf. Kan hij je ook mee helpen.'

Terwijl de man zijn hand op mijn schouder hield, en verder vertelde over zijn vrindje, zette ik mijn oren uit. Dit is een handige eigenschap als je veel reist; soms is het beter om iemand helemaal leeg te laten lopen, dan hardhandig het gesprek van koers te laten veranderen. Soms kan je moeilijk weg uit een situatie, bijvoorbeeld als een zeer zelfverzekerde man zijn dikke worstenarm op je schouder legt. Ik heb het ook vaak gehad bij het interviewen van Russische officials. Aanvankelijk onderbrak ik hun monologen, waarna zij getergd korte en onbruikbare antwoorden gaven. En ik had hun wodka ook al afgeslagen! Later werd ik wijzer en liet ik zo'n man rustig zijn monoloog houden. Nadat ik een wodka achterover had geslagen en een augurk had gegeten, keek ik zo'n man aan en knikte af en toe op de juiste momenten, zonder te horen waar hij het over had – een handigheid van onschatbare waarde. In de tussentijd dacht ik aan andere dingen, bijvoorbeeld wat ik ging koken die avond, of nam ik rustig nog een augurk. Als de official na een halfuur was uitgepraat zette ik de recorder aan en startte ik het echte interview. De man was tevreden dat hij zijn zegje had kunnen doen, en ik zat met een man die zin had om te praten. Iedereen blij. De man ratelde verder over zijn vrindje, of god weet waarover, en ik moest denken aan de reis met Jeroen naar de Sami. De leider van de rendierbrigade had ons meegenomen naar zijn kudde, een paar uur reizen per rendierslee over bevroren meren en bevroren toendra. Op een meer stopten wij, en de rendierman en Jeroen vertrokken om de rendieren te zoeken. Ik bleef achter op het ijs. Er stond geen wind, er waren geen vogels, nergens was een spoor van beschaving. Er waren zelfs geen bomen, alleen maar ijs, dat vloeiend overging in een melkachtige lucht. Voor de eerste keer in mijn leven maakte ik complete stilte mee. Het was zo stil dat ik het bloed door mijn aderen hoorde stromen. Die twintig minuten totdat Jeroen en de rendierhouder terugkwamen waren angstig en fantastisch tegelijk.

Ik werd uit mijn gedachten gehaald toen de man zijn arm van mijn schouder haalde, en onmiddellijk drong een vrouw zich aan mij op. Zij stelde me wat impertinente vragen over mijn zus Aaf, die ze alleen maar kende als columnist uit *de Volkskrant*. Toen ik daar geen antwoord op gaf vertelde ze dat zij zelf geen cent te makken had, maar dat een rijke vriendin de reis had betaald. Ze wees naar een vrouw in de hoek van de zaal met een indrukwekkend permanentje, dat deed denken aan de boeg van een ijsbreker.

'Dit is de eerste borrel deze reis, na acht dagen pas. Dat vind ik raar, het is toch beter om meteen zo'n borrel te organiseren om elkaar te leren kennen? Dat is vanwege jou, weet je dat? Ze hebben gewacht tot jij aan boord was, wat vind je daar nou van?'

Een man met een rode broek kwam naar me toe. Ik griste gauw nog een glas met drank van het dienblad, en pas na de eerste slok proefde ik dat het rode wijn was. Rode wijn, witte wijn, remvloeistof: het kon me allemaal niet schelen, zolang er maar alcohol in zat. Ook de rode broek bracht meneer Rolstoel ter sprake. 'Die man die heurt niet op de eerste rij! Achter hem zat toevallig een vrindje van mij, en die kon niets zien. Niets! Overigens had je lezing wel wat meer verdiepend kunnen zijn. Wij zijn belezen mensen, misschien kan je daar wat meer rekening mee houden.'

Zodra de drank op was dook ik het dek op, dit keer was er niemand. De zon stond hoog aan de hemel. De kustlijn was niet meer te zien. Nu pas zag ik de reddingssloepen. Ik vroeg mij af hoe lastig het was om zo'n sloep omlaag te takelen. Op het personeelskanaal had ik gezien dat er blikken met drinkwater aan boord waren, en scheepsbeschuit. Even zag ik de rug van een walvis boven komen, maar zijn staart liet hij niet zien. Wel kwam er wat lucht uit zijn spuitgat. Met mijn dronken hoofd vroeg ik me af of hij een boodschap bracht en zo ja, wat die boodschap dan was.

Lief dagboek, er klopte net iemand op de deur, een Filippijn die vroeg of ik niet wilde ontbijten. Hij had gezien dat het verse *Scheepsjournaal* nog voor mijn deur lag. Natuurlijk zou ik graag wat willen eten, ik word langzaam high van de honger. Straks ga ik er nog allemaal dingen bij verzinnen, en dat wil ik natuurlijk niet. Maar ik blijf lekker binnen, ik neem wel een kauwgumpje, dat helpt wat. Waar was ik ook alweer...

’s Avonds, bij het diner, had de leiding het hoerdier aan een tafel van vijf gezet. Er ontspon zich een onsamenhangend en inconsequent gesprek over de Arabische Lente, Syrië en natuurlijk het sluimerende gevaar van de islam. Ik probeerde mijn minuscule portie in zo veel mogelijk hapjes op te eten, het is niet beleefd om met volle mond te praten, en helemaal niet in een eetzaal waar je verplicht een colbertje moet dragen. Eén vrouw hield de hele avond haar mond tot – god weet hoe – het gesprek kwam op het buiten zetten van grofvuil. En hoeveel voldoening het geeft als je spullen al zijn meegenomen door berooide Bulgaren in witte busjes, ruim voor de vuilnisman langskomt. Ineens sprak de stille vrouw. ‘Dat heb ik ook eens geprobeerd, met een *armoire.* Maar niemand wilde mijn armoire hebben. Maar goed, ik woon dan ook in het Gooi, misschien komen de Bulgaren daar wel niet.’

De volgende ochtend, tegen de tijd dat wij aankwamen bij de Solovki-eilanden, begon het voor het eerst sinds ik aan boord was op te klaren. Mistig en druilerig weer was passender geweest. Alleen al tijdens de repressie van 1937 werden hier 1100 gevangenen geëxecuteerd. In zekere zin hadden zij geluk, de minder fortuinlijke gevangenen werden naakt aan een boom gebonden en vonden de dood door de beten van duizenden muggen. Anderen werden vastgebonden van een heel hoge trap gegooid.

Tien jaar geleden zou ik ook voet op dit eiland zetten, maar daar is het nooit van gekomen. Ik studeerde Russisch in Sint-Petersburg, en met wat vrienden namen wij de trein noordwaarts, naar het gehucht Kem in het hart van Karelië. Van daaruit zouden wij de boot naar de Solovki-eilanden nemen. Toen we met de trein aankwamen hadden we net de boot gemist, we moesten overnachten in Kem, wat een typisch Russisch klote-oord bleek te zijn. In de sovjettijd verrees hier op de maagdelijke toendra een zaagfabriek, waar een stad omheen ontstond. Na de val van de Sovjet-Unie sloot de fabriek en zat iedereen zonder werk. Zij die de middelen of de hersenen hadden vertrokken naar de grote steden, waar nog wel werk was. Over bleven de oudjes. De vrouwen scharrelden wat voedsel bij elkaar in een moestuin, de mannen dronken zich dood. Ditzelfde scenario speelt zich ook af in duizenden andere stadjes in Rusland. Binnen een generatie zijn deze steden weer van de aardbodem verdwenen, en nemen toendra en taiga het over, net als voor de revolutie.

Maar zover was het nog niet in Kem. 's Avonds gingen we naar de dorpsdiscotheek, een houten schuur in het midden van een zompig moeras. Nadat ik wat meisjes op een aantal wodkaatjes had getrakteerd, ging ik met een jongen op de vuist. Of beter gezegd: hij sloeg mij tegen de vlakte. Ik weet nog steeds niet waarom. Misschien omdat ik een buitenlander was, misschien omdat hij jaloers was dat ik wodka had gekocht voor de meisjes. Nadat een van onze vrienden ook nog eens 's nachts in bed belandde met een van die meisjes, en zij vertelde dat ze de vriendin was van een van die jongens, besloten wij de volgende ochtend geen risico te nemen en namen we de eerste trein terug naar Sint-Petersburg. Om onze katerdorst te lessen wilden we wat sap kopen bij de stationskiosk, maar de kiosk verkocht geen enkel drankje zonder alcohol.

De Solovki-eilanden heb ik dus nooit bereikt, maar daar heb ik nimmer spijt van gehad. Bij reizen gaat het niet om de eindbestemming, maar om de weg ernaartoe. De eindbestemming is gewoon een excuus om een reis te maken, maar echt geslaagd is de reis pas als je die eindbestemming nooit bereikt. Als je een reis hebt gemaakt die je van tevoren niet in je hoofd had. Je hebt mensen die vanuit Nederland hun reis minutieus voorbereiden: niet alleen de hotels zijn geboekt, maar ook alle bezienswaardigheden zijn al ingedeeld per dag aan de hand van locaties en openingstijden. Als er een kerk is bezocht, of een pittoreske markt, dan kan die worden 'afgevinkt'. Het probleem is dat een land veel meer te bieden heeft dan die kerk en die markt. En dat heb je dan allemaal gemist.

Ik heb ooit een reis gemaakt naar Iran, maar kreeg in Turkije uiteindelijk geen Iraans visum, en bracht een geweldige tijd door in Oost-Turkije. In het Iraanse consulaat kwamen we een Australische journalist tegen, ook zijn visum was geweigerd, en hij reisde met ons mee. We gingen zwemmen in het schitterende Van-meer, en stonden aan de voet van de Ararat-berg. Later ging die journalist in Hongkong wonen, en zocht ik hem op. Samen voeren wij met zijn catamaran rond Hongkong-eiland. Dat was allemaal niet gebeurd als wij dat visum hadden gekregen. Ook zou ik ooit eens naar Bulgarije gaan, maar de huurauto kwam de grens niet over, en we hadden een geweldige vakantie in Servië. Hoe zou ik anders ooit in de stad Niš beland zijn, en 's nachts halfdronken een vette hamburger hebben gegeten met Serviërs, met mijn voeten in een warmwaterbron?

Nu zat ik opgescheept met een groepje bange mensen op een groot schip dat verstikkend veilig op zee lag. We konden alleen af en toe uitstapjes maken naar veilige plekjes zoals de Solovki-eilanden, waar een aantal gidsen ons al op stond te wachten, en iedereen in groepen werd verdeeld en door een Russisch-orthodox klooster werd geloodst. Je weet precies wat je kan verwachten, en alles gaat zoals gepland. Dat is eigenlijk het tegenovergestelde van reizen.

De koepel van het klooster was opgeknapt, het tin glinsterde in de zon. In het klooster was een mooie maar obligate tentoonstelling van alle gruwelen die er op dit eiland plaats hadden gevonden. Hierbinnen was geen Rus te vinden, die bleven liever buiten kijken naar de schoonheid van het klooster. Russen kiezen er vaker voor om het verleden selectief te bekijken. Niet voor niets wordt Stalin in de laatste generatie geschiedenisboeken omschreven als een 'effectief manager'.

Er kwam een vrouw naar mij toe lopen, en ondanks mijn gezichtenhandicap herkende ik haar. Zij had mij namelijk al een paar keer toegelachen op de reis, maar ze was op een afstand gebleven. Zowel het toelachen als het op afstand blijven was op de boot uitzonderlijk. Ze vertelde dat zij met mijn moeder was opgegroeid, voor zover ik begreep was het een wat perifere vriendin geweest. Ze liet een foto zien van haarzelf en mijn moeder, ze waren een jaar of achttien en lagen ergens op het strand.

'Wat moet het verschrikkelijk voor je zijn geweest toen je moeder overleed,' zei ze.

'Ik was drie jaar oud toen het gebeurde,' antwoordde ik. Ik had geen herinneringen aan haar dood, en ook geen herinneringen aan daarvoor, ik was gewoon te jong. Natuurlijk miste ik het hebben van een moeder, maar tegelijkertijd kon ik mij niet voorstellen wat dat was.

De vrouw vertelde uitgebreid over mijn moeder, dezelfde dingen die ik altijd hoorde: dat ze zo mooi was, en zo levenslustig. Dat ze een geweldig gevoel voor humor had, en hoe sociaal ze was: de feesten bij ons thuis waren legendarisch. Er zijn boodschappenlijstjes bewaard gebleven waar genoeg drank op staat om een gemiddeld Brabants dorp tijdens carnaval mee van drank te voorzien. Geduldig luisterde ik naar haar verhaal. Ze gaf me de foto, en op de achterkant stond haar e-mailadres geschreven met de tekst: 'Ik heb nog zoveel leuke verhalen over je moeder, als je zin hebt, schrijf me, dan spreken we nog een keer af.' Het probleem was dat ik op dat moment alleen maar kon denken: ik zit hier met een vreemde die meer van mijn moeder weet dan ikzelf. En dat doet pijn, tenminste wel als die verhalen urenlang doorgaan. Dat klinkt misschien heel erg egoïstisch, maar zo is het wel. Wie weet, misschien komt er een moment dat ik het fijn vind om die verhalen te horen.

Ze vertelde dat ze niet zo'n ervaren reiziger was: 'Ik heb nu alweer zo'n zin om thuis te komen. Dat zal je wel ontzettend burgerlijk vinden.' Ik vertelde haar dat ik haar juist benijdde. Het lijkt mij geweldig om thuis te komen, en je dan ook daadwerkelijk thuis te voelen. Dat je kan genieten van slapen in je eigen bed, je tanden poetsen voor je eigen wasbak. Het eerste wat ik denk als ik thuiskom is: wanneer ga ik weer weg? Reizen is fijn en leerzaam, het opent de geest yadda yadda yadda, maar het is ook een ontsnapping aan het echte leven, en hoe je daarvan kan genieten. Op reis ben je gemakkelijk afgeleid, alles overkomt je, je bent als het ware het lijdend voorwerp in je eigen leven. Lastiger is om de spanning, het plezier en geluk thuis te vinden. Ooit, na een lezing in de Achterhoek, met een aardig maar verlegen publiek – de vragen werden mij in de pauze op papier overhandigd – kwam er een man naar mij toe om mijn *Universele Reisgids voor Moeilijke Landen* te laten signeren. Ik vroeg hem of hij binnenkort op reis ging. De man vertelde dat hij nog nooit in het buitenland was geweest. Hij was zelfs nog nooit in Amsterdam geweest. 'Er valt zoveel te zien bij mij in de buurt. En thuis is het zo fijn. Als ik wil kan ik in mijn gedachten reizen, met een boek op de bank.'

Waarom kan ik dat niet, dacht ik toen. Waarom zit ik telkens maar in van die godvergeten vliegtuigen en smerige restaurants? Dan zit ik weer in mijn eentje aan het ontbijt in een of ander godvergeten oord, met een vettige omelet met oud brood en een kop Nescafé.

's Ochtends vroeg maakt mijn telefoon mij wakker, ik heb een sms'je. Dat is opmerkelijk, want al dagenlang heb ik geen enkel signaal. In de duisternis van mijn raamloze hut staat er in het schermpje WELCOME TO THE UNITED STATES. Ik doe het licht aan, en zie dan pas dat er een flinke storm moet woeden: het water in het glas naast mijn bed klotst van de ene naar de andere kant. Zijn we afgedreven naar de Amerikaanse kust? Ik zet de televisie op het scheepskanaal; naast de beelden van de mast kan je op een kaartje zien waar wij varen. We zijn gewoon nog op de Witte Zee. Misschien was het een Amerikaanse marinebasis, of een Amerikaans vliegdekschip, al lijkt me dat sterk.

De lens van de buitencamera is bespat met water en beweegt woest op en neer. De camera is afwisselend gericht op de loodkleurige lucht waar wolken snel bewegen, en de enorme golven die hun krachten verzamelen en dan tegen de boeg slaan, en elke keer spoelt een grote golf zeewater over het voordek. Het is een wonder dat ons schip niet kopje-onder gaat. Maar er luidt geen alarm, kennelijk is er niets aan de hand, gewoon een storm. Opnieuw dank ik de zeegoden voor het laten verdwijnen van mijn aanleg voor zeeziekte.

Het dek is nagenoeg verlaten, even verderop durft een oude man wat over de houten balken te glibberen, met beide handen houdt hij zich vast aan de reling. Hij glibbert in mijn richting. Goddank is het een Brit. Hij had mij al opgemerkt de laatste paar dagen. Wat doet een '*young chap like you*' op deze boot? Onder zijn capuchon heeft hij natuurlijk zijn baret op, en onder zijn regenjas laat hij trots zijn medailles zien terwijl de regen op ons neerstriemt. Hij vertelt over de zeeslag die de Britten voerden met de Duitsers. Het is een onwaarschijnlijke gedachte dat de Tweede Wereldoorlog zich uitstrekte tot de zeeën boven de poolcirkel.

Een paar dagen geleden hebben de veteranen kransen in zee gegooid op de plek waar hun vrienden waren omgekomen. 'Je zou denken dat ik blij ben,' vertelt de Brit, 'maar elke dag denk ik nog steeds: waarom heb ik het overleefd, en zij niet? Waarom lig ik niet op de bodem van de zee? Het is allemaal zo willekeurig.'

Misschien was het de regen, misschien was het een Fisherman's Friend, maar ik dacht dat ik tranen zag wegvloeien door de kraaienpootjes van zijn ogen. Een derde passagier waagde zich het dek op en glibberde in onze richting, een Nederlander, zo zag ik gelijk al aan zijn knalrode Gaastra-jas. 'De douche in mijn hut is verstopt.' Ik dacht dat ik hem verkeerd verstond in het geraas van de storm. Maar nee, de man herhaalde het nog eens: 'De douche in mijn hut is verstopt.'

In de ontbijtzaal was de verwarring compleet. De zaal bevond zich op de bovenste verdieping van het schip, en regen had zich een weg gebaand door de plexiglazen overkapping. Op sommige tafels lag een plas. Het druppelde ook in de aardappelpuree, nog zo'n Britse culinaire klassieker. Misschien kwam het door de verwarring, of misschien straalde ik eindelijk met succes uit dat ik met rust gelaten wilde worden, maar ik ontbeet helemaal in mijn eentje. De derde en laatste lezing stond vandaag op het programma, en in gedachten nam ik de lezing door, terwijl ik rustig van mijn koffie dronk. Voor de rest leek niemand rustig, iedereen at haastig zijn eten op en keek angstig om zich heen naar andere passagiers, en naar het plexiglas boven hun hoofd. Toen de kapitein zich ook nog eens meldde via de luidsprekers was de paniek compleet. Gelukkig, we waren niet op een ijsberg gevaren, maar door de storm was het niet zeker of de excursie van vandaag wel door zou gaan. Dat zou een trip naar 'Konijneneiland' zijn, waar ik eerlijk gezegd nog nooit van gehoord had.

En dat was vreemd, want ik heb vaak genoeg naar de kaart van de Witte Zee gekeken. Ik ben gek op kaarten en atlassen. Zoals de een de Bijbel leest, zo lees ik de atlas, in het bijzonder de gezins-Bosatlas van 1984. Toen ik klein was, kon ik uren naar de mooie kaarten turen. Hele zondagmiddagen, nee hele zondagen, bracht ik zo door. Ik was vooral gefascineerd door het allergrootste land: de Sovjet-Unie, dat toen nog een zesde van de aarde bedekte, een land dat zich uitstrekte van Duitsland tot aan de Verenigde Staten. Vooral Siberië vond ik interessant. Zo'n groot gebied met alleen maar hier en daar een dorpje. Ik probeerde me dan voor te stellen hoe het was om in zo'n dorpje te wonen. Als je een roman leest gebruik je je fantasie om je een voorstelling te maken van hoe de personages en situaties eruitzien. De atlas gaat nog een stapje verder. De personages en de situaties moet je er ook zelf bij verzinnen. Het enige wat de atlas je biedt zijn de plekken, met spannende namen als Kamtsjatka, Oezbekistan en Odessa. Uren kon ik daarover fantaseren. Dat ik uiteindelijk een flink deel van mijn leven in Rusland heb doorgebracht komt ongetwijfeld door mijn zondagmiddagen met de Bosatlas. Die atlas heb ik nog steeds, en regelmatig blader ik er nog in, al wordt dat steeds moeilijker: hij is zoveel gelezen dat hij uit elkaar begint te vallen.

Aan alle tafels, en later in de ochtend in de wandelgangen, tijdens de acrobatentrucs, en zelfs tijdens de massagecursussen, werd druk gepraat over de storm. Het ging allemaal op een toon alsof ons leven ervan afhing. Wij moesten en zouden vandaag Konijneneiland bereiken, anders zou groot onheil ons treffen. Waarom dat zo was, en wat voor onheil dat zou zijn, werd niet geheel duidelijk. Voor het eerst werden de passagiers op de reis geconfronteerd met een onvoorspelbare situatie, en dat leidde tot angst en af en toe hysterie. Iedereen had zijn eigen theorie over de oorsprong van de storm, en hoe lang hij zou duren. Eén keer hoorde ik iemand zelfs zeggen dat de storm helemaal niet zo erg was als de kapitein ons deed geloven. Nee, het was de Russische marine die ons op de hielen zat. Ik was er niet helemaal uit of de hysterie kwam door verveling of de angst voor het onbekende. Waarschijnlijk allebei.

Zelf was ik juist wel in mijn element, de passagiers waren zo erg bezig met de storm dat ik minder werd lastiggevallen over vakanties in Finland in 1950. En bovendien hield ik juist van iets onverwachts. Is dat niet wat reizen zo leuk maakt? In de ochtend maak je plannen voor de rest van de dag, maar de enige zekerheid die je hebt is dat er van die plannen helemaal niets terecht zal komen. Niets is vanzelfsprekend, maar alles is mogelijk. Vandaag zaten we in een storm, en voor de verandering viel er regenwater in de aardappelpuree.

Ik werd minder lastiggevallen, maar het ging nog wel door. Eerlijk gezegd weet ik niet meer wie er allemaal op mij afkwamen, ik denk dat ik in een soort shock was beland. Ik kon de eindeloze vakantieherinneringen uit 1982 in Baskenland niet meer aan. Het was op dat moment dat ik besloot mezelf de volgende dag op te sluiten. Ik kan me alleen nog een onaangename vrouw herinneren van een jaar of vijftig met rood haar en een afritsbroek, een dagrugzakje en degelijke bergschoenen. Zij was in ieder geval klaar voor Konijneneiland. Ze kwam op mij af en vertelde zonder enige introductie of aanleiding over een straathond die zij had 'gered' in Roemenië. 'Het is ongelofelijk hoe ze die dieren behandelen,' voegde ze eraan toe.

Ik moest denken aan alle gehandicapten, bejaarden, homo's, zigeuners, en een groot deel van de vrouwelijke bevolking, die net zo slecht als deze hond werden behandeld. Maar om de een of andere reden hebben straathonden een onweerstaanbare aantrekkingskracht op westerse toeristen. Misschien is menselijk leed in de wereld te confronterend, of te uitzichtloos. Misschien is het makkelijker je te bekommeren om een straathond dan om een gehandicapte, die misschien maar drie keer in zijn leven buitenkomt. In India zag ik ooit een toerist haar eten delen met een schurftige straathond. Een dakloze vrouw, die net als veel Indiërs op een kleedje op straat woonde met haar kinderen, keek vanaf de andere kant van de straat vol verwondering toe.

Toen het verhaal van de straathond was afgelopen vertelde ik, baldadig geworden door de storm, over een kip die ik ooit op een Oekraïense bruiloft op één poot had zien huppelen. Ik vroeg aan de boer hoe dat was gekomen. 'De soep miste iets,' was het antwoord. De vrouw met de straathond keek mij vol walging aan, alsof ik die Oekraïense boer was. Ik zat er nu lekker in en ging door met een verhaal van een kennis die met haar vriendin op een provinciale markt in China was. Bij een kraampje verkochten ze kleine schattige kittens, om op te eten. Kittens zijn zo mogelijk nog schattiger dan straathonden, en de vriendin gebaarde druk naar een kitten die zij wilde kopen om mee naar huis te nemen. De kraamverkoper begreep het echter niet, legde de kitten op een hakblok, onthoofdde het dier en gooide de romp met haar en al in de frituur. De vrouw van de straathond keek mij vol afgrijzen aan en deed voorzichtig een paar stapjes naar achteren terwijl ze me strak bleef aankijken, voor het geval ik haar hoofd op een hakblok zou leggen.

De reisleiding vroeg of ik mijn lezing niet wat eerder kon geven, want er bestond een mogelijkheid dat wij alsnog naar Konijneneiland zouden gaan. Ik begon aan de lezing, maar mijn zelfvertrouwen was na twee dagen zogenaamd opbouwende kritiek tot een dieptepunt gedaald. Misschien had ik inderdaad geen diepgang, misschien moest ik tijdens mijn lezing wat vaker Dostojevski aanhalen. Misschien was ik wel niet intellectueel genoeg. De zaal zat vol met mensen die afwisselend vorsend naar mij keken met de armen over elkaar, als een schoolmeester, of met elkaar aan het praten waren over het al dan niet bezoeken van Konijneneiland, een schier onuitputtelijk gespreksonderwerp. Sommige mensen stonden in de startblokken met jas aan en rugzakje in de hand. Op de eerste rij was een vrouw omstandig bezig om haar fleecetrui aan te trekken, en dan toch weer uit te trekken. Kortom, niet de beste omstandigheden om mijn laatste lezing te geven, zeker als je al onzeker bent aangelegd.

Stond Parallelle Jelle hier maar! Hakkelend begon ik aan de lezing, en halverwege mijn lijdensweg werd ik onderbroken door de kapitein via de luidspreker. De storm was wat gaan liggen, en met een aantal van de reddingsboten zouden de passagiers over een uur naar Konijneneiland worden gebracht. Nu was de zaal helemaal niet meer te houden. Zou dat niet eng zijn, die kleinere boten, of juist beter? En paste iedereen wel op de boten, en zo niet: wie zouden er als eerste richting Konijneneiland mogen?

En het zou toch niet zo zijn dat meneer Rolstoel ook mee mocht op de reddingsboot? En zo ja, wie moest hem dan helpen? Mijn kwakkelende lezing ging uit als een nachtkaars. Dit keer geen opbouwende kritiek: iedereen spoedde zich naar de reddingsboten, en ik bleef achter in de zaal. Ik kon het door de schijnwerpers niet helemaal goed zien, maar ik dacht achter in de zaal nog een gestalte te herkennen. Voor de zekerheid maakte ik de lezing af.

De reddingsboot waar ik op terechtkwam werd bestuurd door een Rus, die stoïcijns door de golven beukte, die weliswaar waren gaan liggen, maar die vanaf dit kleinere bootje nog steeds heel erg hoog leken. Ik vroeg hem wat er nou zo bijzonder was aan dat Konijneneiland. 'Geen idee, ik breng ze er alleen maar naartoe, er staat daar een gids voor ze klaar. Het enige wat ik weet is dat er konijnen wonen, vandaar de naam. Voor de rest woont er niemand. Het is een onbewoond eiland.' We legden aan bij een pier, waar inderdaad een gids ons stond op te wachten. De bejaarden bleven dicht bij de gids, beducht op zakkenrollers op dit onbewoonde eiland. Discreet, eerst lopend, daarna rennend, begaf ik mij in tegengestelde richting. Ik had twee uur de tijd om alleen te zijn, en die wilde ik ten volle benutten. Het was geen groot eiland, binnen een kwartier had ik de andere kant van het eiland bereikt. Ik kroop diep in het dichtste struikgewas. Elke kras in mijn arm van een doornstruik was de afzondering waard. En de plek werd alleen maar beter: tussen de konijnenkeutels zag ik moerasbramen groeien, heerlijke oranje bramen die alleen maar groeien op de meest onherbergzame plekken. Twee heerlijke uren bracht ik in stilte door in de struik, af en toe plukte ik een moerasbraam. Door het struikgewas zag ik langs de kustlijn een houten pad lopen, hetzelfde gloednieuwe houten pad vanwaar de gids was vertrokken. Ik moest lachen om de zeldzame ondernemingsgeest van de Russen die van dit onbewoonde eiland een toeristische attractie hadden gemaakt voor cruisepassagiers. Je timmert een *boardwalk* rondom het eiland, je regelt een paar gidsen en voilà.

En inderdaad, na een uurtje kwam de eerste groep bejaarden aanschuifelen met de gids. Een van de bejaarden struikelde, slaakte een raar gilletje en ging gestrekt op het pad. De gids hielp haar weer overeind, en toen de groep wat was gekalmeerd ging de tocht weer verder. Ik zag het probleem: op dit stukje van het pad waren er kleine hoogteverschillen tussen de houten balken. Niet meer dan een centimeter of vijf, maar de verschillen waren natuurlijk niet aangegeven. Daar kwam de tweede groep aangelopen, en ja hoor, daar ging weer iemand onderuit op precies dezelfde plek.

Lief dagboek, dit vertel ik alleen maar aan jou, want ik schaam mij ervoor: ik had de bosjes uit kunnen lopen en de volgende groepen kunnen waarschuwen voor het drempeltje, maar ik deed het niet. Ik bleef in mijn braamstruik. Ik wilde alleen zijn, ik was als een gevangene die net uit een zwaarbewaakte gevangenis was ontsnapt. Die gaat toch zeker ook niet mensen de straat over helpen? En, lief dagboek, als ik heel diep in mijn hart kijk, en helemaal eerlijk ben, en dat hoort nou eenmaal bij dagboeken: ik vond het eigenlijk wel grappig. Dit sadistisch voyeurisme was ook een beetje een genoegdoening, kinderachtig genoeg.

Daar kwam alweer de volgende groep aan, dit keer viel er een echtpaar. Er viel iemand zo hard dat die uiteindelijk op de scheepsboeg zou belanden met een ontwrichte kaak. Dat was voor mij het teken om toch maar mijn shangri-la, mijn walhalla, mijn nirwana, mijn braamstruik van Thule te verlaten.

De terugtocht ging een stuk sneller. Op de heenweg waren wij met een grote boog langs een groep rotsen gevaren, nu voer de Russische kapitein ons er recht doorheen. 'Maakt u zich geen zorgen, ik ben kapitein Schettino niet,' riep hij lachend. De hele situatie leek wel een filmpje van de personeelszender. Dan zou er nu een rood kruis door het beeld verschijnen. Kort daarna draaide de schroef vast in zeewier.

's Avonds na het eten had het Nederlandse gezelschap zich spontaan verzameld op het achterdek. De wolken waren verdwenen, en er scheen een laag middernachtzonnetje. De sfeer was goed, de Nederlanders waren opgelucht dat ze het avontuur hadden overleefd, en ik was blij dat ik de volgende dag alweer aan wal zou gaan. En nee, ze waren niet allemaal even beroerd, er zaten best een paar aardige mensen tussen. Een man kwam naar mij toe, en gaf bij wijze van geschenk een ansichtkaart die hij op de Solovki-eilanden had gekocht. Op de voorkant stond een foto van de trap waar de gevangenen van af werden gegooid. Goed, het was niet het meest vrolijke cadeau, ik kon zo een-twee-drie niet bedenken aan wie ik de kaart op kon sturen, maar het ging om het gebaar. Zelfs de Namasté-dame was een stuk beter te pruimen dan vroeg in de ochtend, en we praatten wat over India. Tijdens ons gesprek brak zij haar zin abrupt af, en ging in een hoek van het dek staan. 'Dat gebeurt soms met oudere mensen,' vertelde ze. Aan de geur begreep ik dat het ging om het gebrek aan controle op bepaalde peristaltische bewegingen. Een man kwam bij mij staan en vroeg: 'Wat víndt u nou van Jan Luiten?'

Sindsdien, lief dagboek, ben ik mijn hut niet meer uit geweest, zoals je weet. Je kan misschien niet terug praten, maar zonder jou had ik het deze uren in de hut niet gered. 's Ochtends heb ik een lange hete douche genomen. Russen noemen een warm bad een tweede moeder, en daar zouden ze weleens gelijk in kunnen hebben. Daarna heb ik bijna tien uur aan jou geschreven, zonder een hap te eten, en zonder een straaltje daglicht te hebben gezien, zelfs niet via het boegcamerakanaal. Ik hoorde zojuist de scheepshoorn, dat moet de haven van Archangelsk zijn. Ik durf het bijna niet op te schrijven, maar ik heb een vreemd gevoel. Er zit een soort knoop in mijn buik. Ik moet voortdurend denken aan mijn huis. Hoe ik de sleutel in het slot steek, de deur openzwaai, de geur opsnuif en mijn koffers neerzet. Hoe ik op de bank plof, omringd door mijn eigen boeken, met om de hoek een keuken waar ik voor mijzelf kan koken. En daarnaast mijn slaapkamer met mijn eigen bed met mijn eigen kussens. Ik denk, lief dagboek, dat ik voor het eerst in mijn leven heimwee heb. En verdomme, wat voelt dat goed.